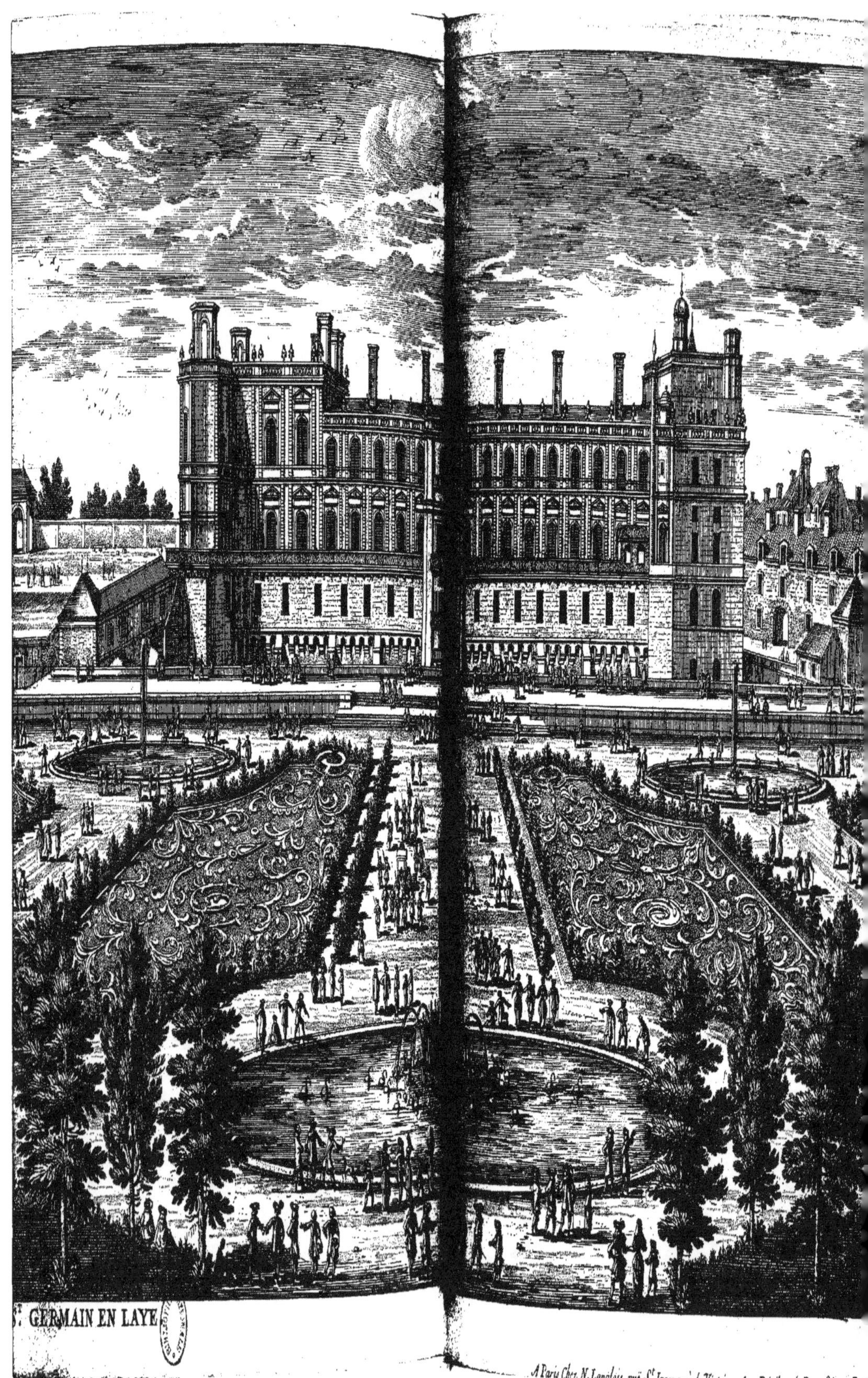
S. GERMAIN EN LAYE
A Paris Chez N. Langlois, ruë St. Jacques à la Victoire

LE DIVERTISSEMENT ROYAL,

Meslé de Comedie, de Musique, & d'Entrée de Ballet.

A PARIS,

Par ROBERT BALLARD, seul Imprimeur du Roy pour la Musique.

M. DC. LXX.

Avec Privilege de sa Majesté.

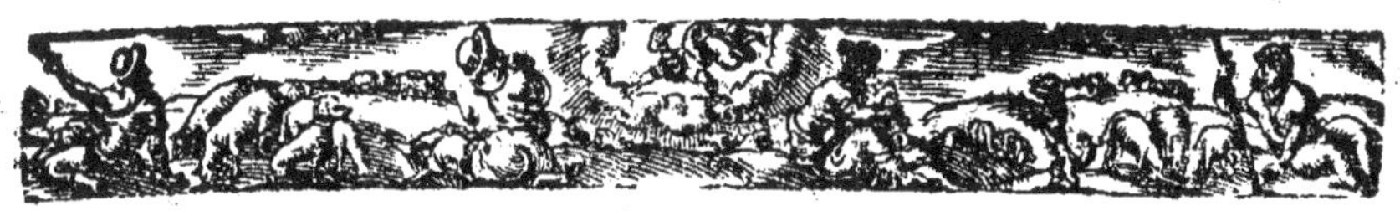

LE DIVERTISSEMENT ROYAL.

AVANT-PROPOS.

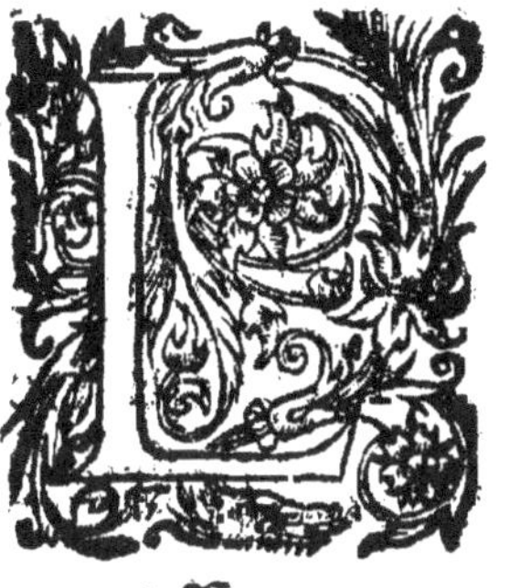

E ROY qui ne veut que des choſes extraordinaires dans tout ce qu'il entreprend, s'eſt propoſé de donner à ſa Cour un Divertiſſement qui fut composé de tous ceux que le Theatre peut fournir; & pour embraſſer cette vaſte Idée, & enchaiſner enſemble tant de choſes diverſes, SA MAIESTE' a choiſi pour ſujet deux Princes Rivaux, qui dans le champeſtre ſejour de la Vallée de Tempé, ou l'on doit celebrer la Feſte des Ieux Pythiens, regalent à l'envy une jeune Princeſſe & ſa Mere, de toutes les galanteries dont ils ſe peuvent aviſer.

de geſtes differents, & de bruit de conques de Perles. Tout ce Spectacle eſt une Magnifique Galanterie, dont l'un des Princes regalle ſur la Mer la promenade des Princeſſes.

NEPTVNE. LE ROY.

Six Dieux Marins. Monſieur le Grand, le Marquis de Villeroy, le Marquis de Raſſent, M. Beauchamp, les Sieurs Favier, & la Pierre.

Huit Fleuves. Meſſieurs Beaumont, Fernon l'aiſné, Noblet, Serignan, David, Aurat, Devellois, & Gillet.

Douze Tritons. Meſſieurs le Gros, Hedoüin, Don, Gingan l'aiſné, Gingan le cadet, Fernon le cadet, Rebel, Langez, Deſchamps, Morel, & deux Pages de la Muſique de la Chapelle.

Quatre Amours. Quatre Pages de la Muſique de la Chambre.

Æole. Monſieur Eſtival.

Huit Peſcheurs. Meſſieurs Ioüan, Chicanneau, Pezan l'aiſné, Magny, Ioubert, Mayeux, la Montagne, & Leſtang.

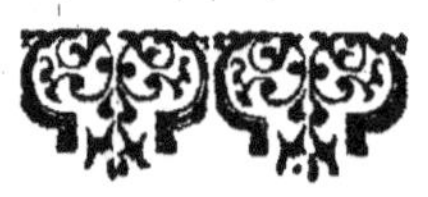

RECIT D'ÆOLE.

Vents, qui troublez les plus beaux jours,
Rentrez dans vos grotes profondes ;
Et laissez regner sur les ondes
Les Zephires & les Amours.

Vn Triton.

Quels beaux yeux ont percé nos demeures humides ?
Venez venez Tritons, cachez vous Nereïdes.

Tous les Tritons.

Allons tous au devant de ces Divinitez,
Et rendons par nos chants hommage à leurs beautez.

Vn Amour.

Ah que ces Princesses sont belles !

Vn autre Amour.

Quels sont les cœurs qui ne s'y rendroient pas ?

Vn autre Amour.

La plus belle des immortelles,
Nostre Mere, a bien moins d'appas.

Chœur.

Allons tous au devant de ces Divinitez,
Et rendons par nos chants hommage à leurs beautez.

Vn Triton.

Quel noble ſpectacle s'avance!
Neptune le grand Dieu, Neptune avec ſa Cour
Vient honorer ce beau jour
De ſon Auguſte preſence.

Chœur.

Redoublons nos Concerts,
Et faiſons retentir dans le vague des Airs
Noſtre rejoüiſſance.

POVR LE ROY, repreſentant NEPTVNE.

LE Ciel entre les Dieux les plus conſiderez
Me donne pour partage vn rang conſiderable,
Et me faiſant regner ſur les flots azurez
Rend à tout l'Vnivers mon pouvoir redoutable.

Il n'eſt aucune terre à me bien regarder
Qui ne doive trembler que je ne m'y rèpande;
Point d'Etats qu'à l'inſtant je ne puſſe innonder
Des flots impetueux que mon pouvoir commande.

Rien n'en peut arreſter le fier débordement,
Et d'vne triple digue à leur force opposée
On les verroit forcer le ferme empeſchement,
Et ſe faire en tous lieux vne ouverture ayſée.

Mais je ſçay retenir la fureur de ces flots
Par la ſage équité du pouvoir que j'exerce,
Et laiſſer en tous lieux au gré des Matelots
La douce liberté d'vn paiſible commerce.

On trouve des Ecueils par fois dans mes Etats,
On void quelques Vaiſſeaux y perir par l'orage:
Mais contre ma puiſſance on n'en murmure pas,
Et chez moy la Vertu ne fait jamais naufrage.

Pour Monſieur le Grand.

L'Empire où nous vivons eſt fertile en treſors,
Tous les mortels en foule accourent ſur ſes bords,
Et pour faire bien-toſt vne haute fortune,
Il ne faut rien qu'avoir la faveur de Neptune.

Pour le Marquis de Villeroy.

SVr la foy de ce Dieu de l'Empire flottant
On peut bien s'embarquer avec toute aſſeurance;
Les flots ont de l'inconſtance;
Mais le Neptune *eſt conſtant.*

Pour le Marquis de Raſſent.

VOguez ſur cette Mer d'vn Zele inesbranlable,
C'eſt le moyen d'avoir Neptune *favorable.*

LE

LE PREMIER ACTE de la Comedie.

QVi se passe dans l'agreable solitude de la Vallée de Tempé.

SECOND INTERMEDE.

LA confidente de la jeune Princesse luy produit trois Dançeurs, sous le nom de Pantomimes; c'est à dire qui expriment par leurs gestes toutes sortes de choses. La Princesse les voit dançer, & les reçoit à son service.

Trois Pantomimes. Messieurs Beauchamp, S. André, & Favier.

LE SECOND ACTE de la Comedie.

TROISIESME INTERMEDE.

LE Theatre est une Forest, ou la Princesse est invitée d'aller, vne Nymphe luy en fait les honneurs en chantant, & pour la divertir on luy jouë une petite Comedie en Musique, dont voicy le sujet: Vn Berger se plaint à deux Bergers ſes amis des froideurs de celle qu'il ayme, les deux amis le conſolent ; & comme la Bergere aymée arrive, tous trois ſe retirent pour l'obſerver, apres quelque plainte amoureuſe elle ſe repoſe ſur vn gazon, & s'abandonne aux douceurs du ſommeil ; l'Amant fait approcher ſes amis pour contempler les graces de ſa Bergere, & invite toutes choſes à contribüer à ſon repos ; La Bergere en s'eſveillant, voit ſon Berger à ſes pieds, ſe plaint de ſa pourſuite : Mais conſiderant ſa conſtance elle luy accorde ſa demande, & conſent d'en eſtre aymée en preſence des deux Bergers amis: Deux Satyres arrivant ſe plaignent de ſon changement, & eſtant touchez de cette diſgrace, cherchent leur conſolation dans le vin.

LES PERSONNAGES DE LA PASTORALE.

La Nymphe de la Vallée de Tempé. Mad^lle^ des-Fronteaux.

Tircis. M. Gaye. *Lycaſte.* M. Langez.

Menandre. M. Fernon le cadet.

Caliſte. Mad^lle^ Hylaire.

Deux Satyres. Meſſieurs Eſtival, & Morel.

PROLOGVE.

LA NYMPHE DE TEMPE'.

VEnez grande Princesse avec tous vos appas,
Venez prester vos yeux aux innocens ébas
Que nostre dezert vous presente;
Ny cherchez point l'éclat des Festes de la Cour,
On ne sent icy que l'amour,
Ce n'est que d'amour qu'on y chante.

SCENE PREMIERE.

TIRCIS.

VOus chantez sous ces feüillages,
Doux rossignols pleins d'amour,
Et de vos tendres ramages
Vous reveillez tour à tour
Les échos de ces bocages:
Helas! petits oyseaux, helas!
Si vous auiez mes maux vous ne chanteriez pas.

TIRCIS.

Ah Bergers!

LICASTE, ET MENANDRE.

Prens ſur toy plus d'empire.

TIRCIS.

Rien ne me peut plus ſecourir.

LICASTE, ET MENANDRE.

C'eſt trop, c'eſt trop ceder.

TIRCIS.

C'eſt trop, c'eſt trop ſouffrir.

LICASTE, ET MENANDRE.

Quelle foibleſſe!

TIRCIS

Quel martire!

LICASTE, ET MENANDRE.

Il faut prendre courage.

TIRCIS.

Il faut plutoſt mourir.

LICASTE.

Il n'eſt point de Bergere
Si froide, & ſi ſevere,
Dont la preſſante ardeur
D'vn cœur qui perſevere
Ne vainque la froideur.

Puiſque le Ciel a voulu nous former
Avec un cœur qu'Amour peut enflammer,
Quelle rigueur impitoyable
Contre des traits ſi doux nous force à nous armer,
Et pourquoy ſans eſtre blaſmable
Ne peut-on pas aymer
Ce que l'on trouve aymable.

Helas! que vous eſtes heureux
Innocens Animaux de vivre ſans contrainte,
Et de pouvoir ſuivre ſans crainte
Les doux emportemens de vos cœurs amoureux:
Helas! petits oyſeaux que vous eſtes heureux
De ne ſentir nulle contrainte,
Et de pouvoir ſuivre ſans crainte
Les doux emportemens de vos cœurs amoureux.

Mais le ſommeil ſur ma paupiere
Verſe de ſes Pavots l'agreable fraiſcheur,
Donnons-nous à luy toute entiere,
Nous n'avons point de Loy ſevere
Qui deffende à nos ſens d'en gouſter la douceur.

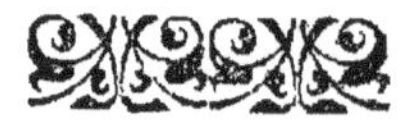

SCENE QVATRIESME.

TIRCIS, LICASTE, MENANDRE.

TIRCIS.

Vers ma belle ennemie
Portons ſans bruit nos pas,
Et ne reveillons pas
Sa rigueur endormie.

TOVS TROIS.

Dormez, dormez beaux yeux, adorables vainqueurs,
Et gouſtez le repos que vous oſtez aux cœurs,
Dormez, dormez beaux yeux.

TIRCIS.

Silence petits oyſeaux,
Vents n'agitez nulle choſe,
Coulez doucement ruiſſeaux,
C'eſt Caliſte qui repoſe.

TOVS TROIS.

Dormez, dormez beaux yeux, adorables vainqueurs,
Et gouſtez le repos que vous oſtez aux cœurs,
Dormez, dormez beaux yeux.

CALISTE.

CALISTE.

Ah quelle peine extréme!
Suivre par tout mes pas.

TIRCIS.

Que voulez-vous qu'on suive, helas!
Que ce qu'on ayme.

CALISTE.

Berger que voulez-vous?

TIRCIS.

Mourir belle Bergere,
Mourir à vos genoux,
Et finir ma misere,
Puisqu'en vain à vos pieds on me voit soupirer,
Il y faut expirer.

CALISTE.

Ah Tircis, ostez-vous, j'ay peur que dans ce jour
La pitié dans mon cœur n'introduise l'amour.

LICASTE, ET MENANDRE, l'un apres l'autre.

Soit amour, soit pitié;
Il sied bien d'estre tendre;
C'est par trop vous deffendre
Bergere, il faut se rendre
A sa longue amitié,
Soit amour, soit pitié,
Il sied bien d'estre tendre.

CALISTE.

C'est trop, c'est trop de rigueur,
J'ay mal-traitté vostre ardeur
Cherissant vostre personne,
Vangez-vous de mon cœur
Tircis, je vous le donne.

TIRCIS.

O Ciel! Bergers! Caliste! ah je suis hors de moy!
Si l'on meurt de plaisir je dois perdre la vie.

LICASTE.

Digne prix de ta foy

MENANDRE.

O sort digne d'envie!

SCENE CINQVIESME.

DEVX SATYRES, TIRCIS, LICASTE, CALISTE.

Ier. SATYRE.

QVoy tu me fuis ingrate, & je te vois icy
De ce Berger à moy faire vne preference?

IIe SATYRE.

Quoy mes soins n'ont rien pû sur ton indifference,
Et pour ce langoureux ton cœur s'est adoucy?

CALISTE.

Le destin le veut ainsi,
Prenez tous deux patience.

Ir. SATYRE.

Aux aymans qu'on pousse à bout
L'amour fait verser des larmes:
Mais ce n'est pas nostre goust,
Et la bouteille a des charmes
Qui nous consolent de tout.

IIe. SATYRE.

Nostre amour n'a pas toûjours
Tout le bonheur qu'il desire:
Mais nous avons un secours,
Et le bon vin nous fait rire
Quand on rit de nos amours.

TOVS.

Champestres Divinitez,
Faunes, Driades, sortez
De vos paisibles retraites;
Meslez vos pas à nos sons,
Et tracez sur les herbettes
L'image de nos chansons.

En mesme temps six Driades & six Faunes sortent de leurs demeures, & font ensemble une dançe agreable, qui s'ouvrant tout d'un coup, laisse voir un Berger & une Bergere qui font en Musique une petite Scene d'un dépit amoureux.

DEPIT AMOVREVX.

CLIMENE, PHILINTE.

PHILINTE.

QVand je plaisois à tes yeux
I'estois content de ma vie,
Et ne voyois Roy ny Dieux
Dont le sort me fit envie.

CLIMENE.

Lors que tout autre personne
Me preferoit ton ardeur,
I'aurois quitté la Couronne
Pour regner dessus ton cœur.

PHILINTE.

Vn autre a guery mon ame
Des feux que j'avois pour toy.

CLIMENE.

Vn autre a vangé ma flame
Des foiblesses de ta foy.

PHILINTE.

Cloris qu'on vante si fort,
Mesme d'vne ardeur fidelle,
Si ses yeux vouloient ma mort
Ie mourrois content pour elle.

CLIMENE.

CLIMENE.

Mirtil ſi digne d'envie,
Me cherit plus que le jour,
Et moy je perdrois la vie
Pour luy montrer mon amour.

PHILINTE.

Mais ſi d'vne douce ardeur
Quelque renaiſſante trace
Chaſſoit Cloris de mon cœur
Pour te remettre en ſa place.

CLIMENE.

Bien qu'avec pleine tendreſſe
Mirtil me puiſſe cherir,
Avec toy, je le confeſſe,
Ie voudrois vivre & mourir.

TOVS DEVX ENSEMBLE.

Ah plus que jamais aymons nous,
Et vivons & mourons en des liens ſi doux.

TOVS LES ACTEVRS de la Comedie chantent.

AMans que vos querelles
Sont aymables & belles,
Qu'on y voit ſucceder
De plaiſirs, de tendreſſe,

Querellez--vous ſans ceſſe
Pour vous racommoder.

Amans que vos querelles
Sont aymables & belles, &c.

Les Faunes & les Driades recommencent leur dançe, que les Bergeres & Bergers Muſiciens entre-meſlent de leurs Chanſons, tandis que trois petites Driades, & trois petits Faunes, font paroiſtre dans l'enfoncement du Theatre tout ce qui ſe paſſe ſur le devant.

LES BERGERS, ET BERGERES.

IOuïſſons, jouïſſons des plaiſirs innocens
Dont les feux de l'Amour, ſçavent charmer nos ſens,
Des grandeurs, qui voudra ſe ſoucie,
Tous ces honneurs dont on a tant d'envie,
Ont des chagrins qui ſont trop cuiſans:
Iouïſſons, jouïſſons des plaiſirs innocens
Dont les feux de l'Amour ſçavent charmer nos ſens.

En aymant tout nous plaiſt dans la vie,
Deux cœurs unis de leur ſort ſont contents,
Cette ardeur de plaiſirs ſuivie,
De tous nos jours fait d'éternels printemps:

de deux Sacrificateurs Musiciens, & d'une Prestresse Musicienne.

La Prestresse. Mademoiselle Hylaire.

Deux Sacrificateurs. Messieurs Gaye, & Langez.

LA PRESTRESSE.

CHantez, peuples, chantez en mille & mille lieux
Du Dieu que nous servons les brillantes merveilles,
Parcourez la Terre & les Cieux,
Vous ne sçauriez chanter rien de plus precieux,
Rien de plus doux pour les oreilles.

VNE GRECQVE.

A ce Dieu plein de force, à ce Dieu plein d'appas,
Il n'est rien qui resiste.

AVTRE GRECQVE.

Il n'est rien icy bas
Qui par ses bien-faits ne subsiste.

AVTRE GRECQVE.

Toute la Terre est triste
Quand on ne le voit pas.

LE CHOEVR.

Pouſſons à ſa Memoire
Des concerts ſi touchans,
Que du haut de ſa gloire
Il écoute nos chants.

Les ſix hommes portant les haches font entre-eux vne dance ornée de toutes les attitudes que peuuent exprimer des gens qui étudient leur force, puis ils ſe retirent aux deux coſtez du Theatre pour faire place à ſix Voltigeurs, qui en cadance font paroiſtre leur adreſſe ſur des chevaux de bois, qui ſont apportez par des Eſclaves.

Six hommes portant des haches.
Meſſieurs Dolivet, le Chantre, S. André, Magny, Foignard l'aiſné, & Foignard le cadet.

Six Voltigeurs. Meſſieurs Ioly, Doyat, de Launoy, Beaumont, du Gard l'aiſné, & du Gard le cadet.

Quatre Conducteurs d'Eſclaves.
Meſſieurs le Preſtre, & Ioüan, les Sieurs Peſan l'aiſné, & Ioubert.

Huit Eſclaves. Les Sieurs Payſan, la Vallée, Pezan le cadet, Favre, Vaignard, Dolivet fils, Girard, & Charpentier.

Quatre femmes & quatre hommes armez à la Grecque, font ensemble vne maniere de jeu pour les armes.

Quatre hommes armez à la Grecque.
Les Sieurs Noblet, Chicanneau, Mayeu, & Desgranges.

Quatre femmes armées à la Grecque.
Les Sieurs la Montagne, Lestang, Favier le cadet, & Arnald.

La Tribune s'ouvre, vn Heros, six Trompettes & vn Timballier se meslant à tous les instrumens, annonce avec vn grand bruit la venuë d'Appollon.

Vn Heros. M. Rebel.
Six Trompettes. Les Sieurs la Plaine, Lorange, du Clos, Beaupré, Carbonnet, & Fetier.
Vn Timballier. Le Sieur Daicre.

LE CHOEVR.

Ouvrons tous nos yeux
A l'éclat suprême
Qui brille en ces lieux.

Quelle grace extreme!
Quel port glorieux!
Où voit-on des Dieux
Qui soyent faits de mesme?

Apollon au bruit des Trompettes & des Violons entre par le Portique, precedé de six Ieunes gens, qui portent des Lauriers entre-lassez autour d'vn baston, & vn Soleil d'or au dessus avec la devise Royale en maniere de trophée. Les six jeunes gens, pour dançer avec Apollon, donnent leur trophée à tenir aux six hommes qui portent les haches, & commencent avec Apollon vne dance heroïque, à laquelle se joignent en diverses manieres les six hommes portant les trophées, les quatre femmes armées avec leurs timbres, & les quatre hommes armez avec leurs tambours, tandis que les six Trompettes, le Timballier, les Sacrificateurs, la Prestresse & le Choeur de Musique accompagnent tout cela en s'y meslant par diuerses reprises; ce qui finit la feste des jeux Phythiens & tout le divertissement.

APOLLON. LE ROY.

Six jeunes Gens, Monsieur le Grand, Le Marquis de Villeroy, Le Marquis de Rassent, Messieurs Beauchamp, Raynal, & Favier.

Chœur de Musique.

Messieurs le Gros, Hedoüin, Estival, Don, Beaumont, Bony, Gingan l'aisné, Fernon l'aisné, Fernon le cadet, Rebel, Gingan le cadet, Deschamps,

champs, Morel, Aurat, David, Devellois, Serignan, & quatre Pages de la Musique de la Chappelle, & deux de la Chambre.

POVR LE ROY, Representant le SOLEIL.

Ie suis la source des Clairtez,
Et les Astres les plus vantez
Dont le beau Cercle m'environne,
Ne sont brillans & respectez
Que par l'éclat que je leur donne.

Du Char où je me puis asseoir
Ie voy le desir de me voir
Posseder la Nature entiere,
Et le Monde n'a son espoir
Qu'aux seuls bien-faits de ma lumiere.

Bien-heureuses de toutes pars,
Et pleines d'exquises richesses
Les Terres, où de mes regards
I'arreste les douces caresses.

Pour Monſieur le Grand.

Bien qu'auprés du Soleil tout autre éclat s'efface,
S'en éloigner pourtant n'eſt pas ce que l'on veut,
Et vous voyez bien quoy qu'il faſſe
Que l'on s'en tient toûjours le plus prés que l'on peut.

Pour Le Marquis de Villeroy.

De noſtre Maiſtre incomparable
Vous me voyez inſeparable,
Et le Zele puiſſant qui m'attache à ſes veux
Le ſuit parmy les eaux, le ſuit parmy les feux.

Pour le Marquis de Raſſent.

Ie ne ſeray pas vain quand je ne croiray pas
Qu'vn autre mieux que moy ſuive par tout ſes pas.

FIN.

www.ingramcontent.com/pod-product-compliance
Lightning Source LLC
LaVergne TN
LVHW010014230826
846092LV00002B/814

* 9 7 8 2 3 2 9 6 4 3 9 7 7 *